L IEBLINGSBUCH
E RLEBNIS
S PANNEND
E RFINDEN
N EUES

Schreibe deinen Namen so,
dass die Buchstaben untereinander stehen.
Mit jedem Buchstaben beginnt ein neues Wort.

Du kannst für deinen Namen die Sticker
vom Stickerbogen verwenden.
Gestalte ein Blatt und klebe es in den Rahmen.

U RLAUB
R EISEN
S EGELN
U MHERLAUFEN
L ANGEWEILE
A NGELN

P UDDING
E RDBEEREN
T OMATEN
E RDNÜSSE
R EIS

Schreiben allein und mit anderen (1)

Elfchen (ein Gedicht aus elf Wörtern in fünf Zeilen)

Weiß	(ein Wort)	Blau
Die Schule	(zwei Wörter)	Der Himmel
Auf der Wiese	(drei Wörter)	Ohne eine Wolke
Kinder warten auf mich	(vier Wörter)	Die Sonne scheint hell
Freude	(ein Wort)	Mittag

Wortlawine

Bis zu acht Kinder können mitmachen. Das erste Kind schreibt ein Wort, das zweite zwei Wörter, das dritte drei …

Freude	(ein Wort)
Am Abend	(zwei Wörter)
Und nicht wenig	(drei Wörter)
Wir freuen uns miteinander	(vier Wörter)
Wir feiern, tanzen und singen	(fünf Wörter)
Es wird dunkel und immer später	(sechs Wörter)
Schon bald müssen wir ins Bett gehen	(sieben Wörter)
Endlich ist Ruhe, aber keiner kann sofort einschlafen	(acht Wörter)

Reimgedicht (allein oder zu mehreren)

Suche erst Reimwörter und erfinde dann Sätze dazu.

Es gibt keine, die ich so gerne *mag*

Auf die ich warte jeden *Tag*

Sie kommt ins Zimmer immer *leise*

Sie singt und geht auf ihre *Weise*

Textwerkstatt (1)

Hier kannst du dichten.

Schreiben allein und mit anderen (2)

Um ein Wort herum schreiben (allein oder zu mehreren)

Suche ein Wort aus und schreibe es siebenmal untereinander.
Dann füge links und rechts noch Wörter hinzu, sodass in jeder Reihe
ein ganzer Satz steht.

Es ist ein spannendes	*Spiel*	zwischen zwei Mannschaften.
Dass dieses	*Spiel*	stattfindet, hat kaum jemand geglaubt.
Wir haben uns gut auf das	*Spiel*	vorbereitet.
Am Ende muss jedes	*Spiel*	noch einmal besprochen werden.
Es wird nicht das letzte	*Spiel*	sein, das wir spielen.
Gut, dass das	*Spiel*	vorbei ist.
So ein	*Spiel*	ist ganz schön anstrengend.

Wende-Gedicht

In vier Zeilen werden eine Person,
ein Tier oder eine Sache beschrieben.
Am Ende gibt es eine Überraschung:
Etwas ganz Wichtiges fehlt und steht
auf der anderen Seite des Blatts.

Lehrerin

Hefte nachgesehen
Viele Notizen gemacht
Pünktlich in der Schule
Große Tasche mitgebracht
Feiertag!

Drachengedicht

Zuerst nimmt jede Zeile um eine Silbe zu,
dann um eine Silbe ab.
Das Gedicht erhält die Form eines
Drachens.

Ein — (eine Silbe)
Wagen — (zwei Silben)
Beladen — (drei Silben)
In der Straße — (vier Silben)
Versperrt die Wege — (fünf Silben)
Keiner kann weg — (vier Silben)
Ärgerlich — (drei Silben)
Hupen — (zwei Silben)
Los! — (eine Silbe)

Textwerkstatt (2)

Hier kannst du dichten.

Merkwürdig

Sorgenfrei: Das Geld liegt auf der

Überraschend: Jeder Baum hat eine

Modern: Ein Baum mit bunten

Nett: Die Lehrerin singt heute die

Technisch: Am Kabel hängt die

Erfolgreich: Kommissar Wachsam hat seinen ersten

 Finde die Lösungswörter und schreibe die Sätze auf.
Du kannst deutlicher sagen, was gemeint ist, wenn du mit den Lösungswörtern zusammengesetzte Nomen (Namenwörter) bildest.

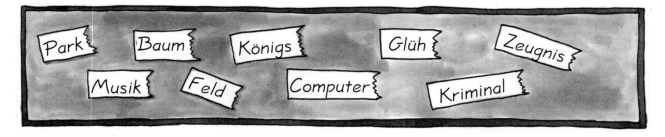

Buchstaben, Wörter, Sätze

So sind wir

Anne   Martin   Lena   Karin   Paul   Achim   Katrin   Onkel Dagobert

1. Die Kinder haben in der Schule über Eigenschaften gesprochen.
   Sven erzählt: *Achim ist vergesslich. Er ist ein vergessliches Kind.*

| Spaßvogel | Mädchen | Turnerin | Junge | Schüler |
| Schülerin | Schwimmerin | Kind | Ente | Freund |

geiz · traur · vergess · sport · fröh · fleiß · mut · ordent · lust · gelenk

2. Vergleicht eure Sätze.

Buchstaben, Wörter, Sätze

Kleine Abc-Rätsel

1. Suche zu diesen Adjektiven (Wiewörtern) das Gegenteil.
   Prüfe mit der Wörterliste oder dem Wörterbuch.

billig ☐   falsch ☐   dick ☐

warm ☐   fröhlich ☐   leer ☐

trocken ☐   süß ☐   dunkel ☐

schnell ☐   sauber ☐

Erweitere die Gegensatzpaare durch passende Nomen (Namenwörter).
Schreibe sie in dein Heft: *billige Äpfel - teure Mangos, ...*

2. Suche zu diesen Adjektiven (Wiewörtern) das Nomen (Namenwort).
   Prüfe mit der Wörterliste oder dem Wörterbuch.

ängstlich ☐   eckig ☐   farbig ☐

durstig ☐   gefährlich ☐   mutig ☐

hungrig ☐   freundlich ☐

3. Ordne die Wörter nach dem Abc und trage sie ein.

Stuhl Stein Stute   streng Stern Stall   trinken Drachen drinnen
Start Stich   Staub   Stier Staus   Trommel dreißig Trauben
                                                      dröhnen trennen

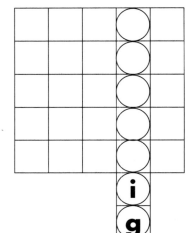

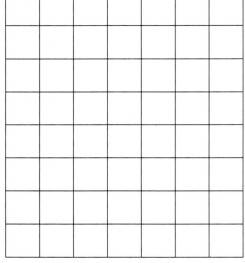

Buchstaben, Wörter, Sätze

Verben (Tuwörter) verändern ihre Form

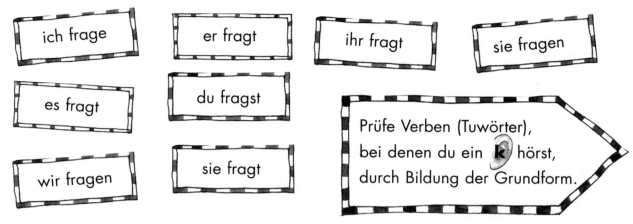

1. Trenne den Wortstamm von der Endung.
2. Trage die verschiedenen Personalformen in die Tabelle ein.

	sagen	stehen	bleiben
ich			
du			
er, sie, es			
wir			
ihr			
sie			

3. Bilde zu folgenden Personalformen die Grundform und schreibe sie auf.

wir hören zu   sie nimmt   du wächst

ihr könnt   du läufst   du isst

er fleht   sie weiß   ihr geht

wir hören zu - zuhören,

Allein und miteinander

Messen und wägen

Silvia muss alles vergleichen. Dazu benutzt sie Adjektive (Wiewörter).
Auch diese Kinder preisen auf dem Flohmarkt ihre Waren mit Vergleichen an.

1. Ergänze in der Tabelle die fehlenden Wörter.

viel	mehr	am meisten
toll		
	billiger	
		am wenigsten
		am reichsten
schön		
	teurer	
arm		
	schneller	
		am größten
	höher	

2. Spielt Flohmarkt. Wer verkauft die ausgefallensten Dinge?

3. Mit Vergleichen kannst du anderen auch Freude machen.

- Karim kann am spannendsten erzählen.
- Timo ist geduldiger als ich.

Allein und miteinander

Noch mehr Vergleiche

Blauwale	laufen	fast	so	lang	wie	ein Blatt Papier
Geparde	sind	beinahe		viel		130 Autos
Giraffen	wiegen	ungefähr		schwer		zwei Stockwerke im Haus
Kolibris	werden			schnell		Autos auf Landstraßen fahren
Nilkrokodile				hoch		sechs Schultische

1. Bilde sinnvolle Vergleiche und schreibe zu jedem Tier mindestens einen Satz.

2. Überlegt euch weitere Vergleiche.

Allein und miteinander

? ? Fragen ? ? Fragen ? ? Fragen ? ?

Wer steht die ganze Nacht und schläft nie?

Wohin geht der Kaiser zu Fuß?

Was ist das Gegenteil von hässlich?

Wann fand bei uns die letzte Sonnenfinsternis statt?

Wie schreibt man die Mehrzahl von Milch?

Welcher Buchstabe kommt hinter r im Abc?

Zur Toilette.

Schön.

Das s.

Der Mond.

Die gibt es gar nicht!

Am 11. August 1999

1. Ordne den Fragen die richtigen Lösungen zu.

2. Unterstreiche die Fragewörter in den Kärtchen.

3. Auf dem Spielplan zum Fragespiel stehen noch mehr Fragewörter. Sammle alle Fragewörter und schreibe sie auf.

4. Kennst du noch andere Fragewörter? Schreibe sie dazu.

5. Denkt euch zu allen Fragewörtern ein paar Fragen und Antworten aus. Ihr könnt dazu auch ein Lexikon verwenden. Schreibt sie auf Quizkärtchen und sortiert sie nach den Fragewörtern.

6. Jetzt könnt ihr das Fragespiel spielen.

Grundregeln: Achtet auf das Fragewort, das im Feld steht.
Bei Fragezeichen-Feldern dürft ihr das Fragewort frei bestimmen.
Vereinbart die übrigen Spielregeln untereinander.
Tauscht eure Quizkärtchen mit den anderen Gruppen aus.

Allein und miteinander

DAS FRAGESPIEL

START	WER?	WO?	??? ???	WAS?	WIE?	WARUM?
??? ???	WIE?	WARUM?	WER?	??? ???	WER?	WAS?
WANN?						
WAS?	WELCHER?	??? ???	WARUM?	WIE?	WER?	ZIEL

Allein und miteinander

Clemens

Clemens frühstückt seine mutter
schmiert ihm ein honigbrot mit seiner bunten hose
fällt Clemens bestimmt auf das radio
meldet regenschauer mit honig
verschmiert er sich die hände im mantel
steckt der schal für den abschiedskuss
bleibt keine zeit in der schultasche
steckt das gespensterbuch mit sauberen ohren
hört er seine mutter gut bis zur schule
ist Clemens mit seinen gedanken für sich

1. Setze die fehlenden Punkte.
2. Kennzeichne alle Wörter, die du großschreiben musst.
3. Schreibe den Text richtig ab.

Allein und miteinander

Meine x-mal geplatzte Haut

 1. Wenn du Wörter gesammelt hast, die zu Wut und Ärger oder zu Freude und Lust passen, kannst du viele Gedichte schreiben.

Ich könnte platzen.

Aus allen Nähten könnte ich platzen vor | Lust | Ärger | Wut | ___ .

Meine Hände | winken | rudern | glühen | ___ .

Meine Stimme | lacht | zittert | singt | ___ .

Mein | Herz schlägt | Kopf brummt | ___

von so viel | Lust | Ärger | Wut | ___ .

Ich fühle mich | wohl | glücklich | krank | ___ in meiner Haut,

weil | ich Geburtstag habe | ich eine Arbeit schreibe | ___ .

2. Lest eure Gedichte vor und vergleicht sie. Ihr könnt sie auch spielen.

Allein und miteinander

Platzen und springen

Ich könnte platzen.
Ich könnte platzen vor Freude.
Ich könnte platzen vor Freude auf die Ferien.
Ich könnte platzen vor Freude auf die Ferien am Meer.

1. Du kannst auch ein Gedicht schreiben, in dem die Sätze immer länger werden.

Ich könnte springen.

Ich könnte springen vor

Ich könnte springen vor

Ich könnte springen vor

2. Diese Sätze wachsen in beide Richtungen:

weinen   tanzen   toben   heulen   schreiben

Ich könnte

Ich könnte platzen.
Jetzt könnte ich platzen.
Jetzt könnte ich platzen und schreien.
Jetzt könnte ich platzen und schreien vor Freude.

Allein und miteinander

Wörter für sprechen

plappern, brüllen, flüstern, sprechen, sagen, fragen, bitten, schreien, meckern, flehen, quasseln, stammeln, rufen, murmeln

1. Diese Wörter beschreiben, wie jemand spricht. Suche die Verben (Tuwörter) heraus, die beschreiben, ob laut oder leise gesprochen wird.

Lautes Sprechen: *brüllen*,

Leises Sprechen: *flüstern*,

2. Auch in der Klasse gibt es viel zu sprechen. Überlege dir unterschiedliche Sätze und schreibe sie auf.

Florian brüllt: „Heute spielen wir Völkerball!"

Janina meckert:

Sprechblasen: „Heute spielen wir Völkerball!"; „Mein Radiergummi ist weg!"; „Tina stört mich!"; „Ich will neben meiner Freundin sitzen!"

3. Überlegt euch Anweisungen für kleine Spielszenen und spielt sie.

Du flüsterst ein Geheimnis. *Du ... einen Zauberspruch.*

Allein und miteinander

Tschüs, Bär

Das erlebt Miriam am letzten Tag vor ihrer Abreise.

Ich **gehe** zum letzten Mal in meine Klasse. Alle **verabschieden** sich von mir.
Sie **schreiben** mir etwas ins Poesiealbum …
Laura **besucht** mich noch einmal. Wir **gehen** in mein Zimmer.
Traurig **sitzen** wir auf dem Sofa. Wir **sprechen** über unsere
gemeinsamen Erlebnisse. Laura **hilft** mir beim Packen …
Zum Abschied **schenke** ich Laura einen Bären …

 Abends schreibt Miriam in ihr Tagebuch:

Ich ging zum letzten Mal

Du kannst dir auch ausdenken, was Miriam sonst noch erlebt hat.
Schreibe es auf.

(besuchte, ging, sprachen, half, schrieben, saßen, verabschiedeten, schenkte, gingen)

Allein und miteinander

Domino

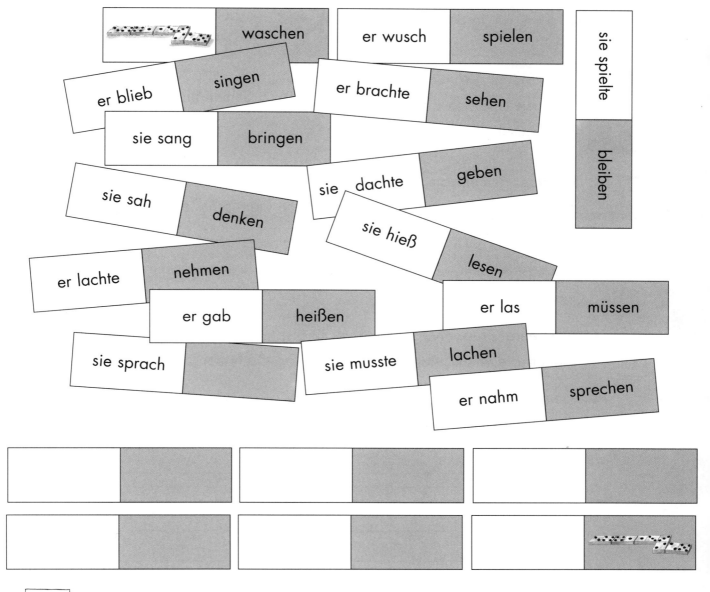

 1. Dies ist ein Dominospiel.
Finde heraus, wie das Spiel aufgebaut ist.

 2. Wähle Aufgaben aus:
   → Verbinde mit Linien, wie die Dominokarten gelegt werden müssen.
   → Schreibe die Verben (Tuwörter) auf Dominokarten
   und suche dir eine Mitspielerin/einen Mitspieler.
   → Schreibe die Verben (Tuwörter) in der richtigen Reihenfolge ins Heft.
   → Ergänze das Spiel durch andere Verben (Tuwörter).
   Schreibe sie in die leeren Felder.

Allein und miteinander

Wir wählen einen Klassensprecher

Die Kinder sprechen darüber, welche Aufgaben eine Klassensprecherin oder ein Klassensprecher hat und wie sie oder er sein soll.

Er muss gut in der Schule sein.

Sie soll in der Pause aufpassen, dass die Kinder sich nicht streiten.

Sie müsste mutig sein, weil sie sich auch bei den Lehrern beschweren muss.

Stimmt nicht!

 1. Überlegt gemeinsam, welche Aufgaben eine Klassensprecherin oder ein Klassensprecher hat und welche Eigenschaften er oder sie haben soll.

 2. Schreibt in Stichpunkten auf einen Zettel, was ihr dazu meint.

3. Stellt eure Gruppenergebnisse vor und sprecht darüber. Notiert die wichtigsten Aufgaben und Eigenschaften an der Tafel.

 4. *Eine Klassensprecherin / ein Klassensprecher hat folgende wichtige Aufgaben:*

Eine Klassensprecherin / ein Klassensprecher sollte unbedingt diese Eigenschaften haben:

Allein und miteinander

5. Nun kann die Wahl stattfinden.

1. Vorschläge an der Tafel sammeln
2. Wahlzettel austeilen
3. Geheim wählen
4. Stimmen auszählen
5. Frage an das gewählte Kind, ob es die Wahl annimmt
6. Gratulation
7. Zweiter Wahldurchgang ...

Schreibe auf, wie ihr die Wahl durchführen wollt.

Zuerst sammeln wir

Dann werden

Es wird

Netzwerk Natur

Wasser ist ein Verwandlungskünstler

Wasser, das am Himmel schwebt

Wasser, das morgens auf Blättern liegt

Wasser, das brechen kann

Wasser, das flockig ist

Wasser, das den Himmel bunt färbt

Wasser, das gefroren glitzert

Wasser, das Deckel klappern lässt

Wasser, das ein Korn ist

Wasser, das unsichtbar macht

Wasser, das Schiffe kentern lässt

Floßfahrt

○ Doch plötzlich wurde der Bach eng.
○ Das Wasser stieg und floss immer schneller.
① Gleich nach dem Frühstück brachen wir zum Bach auf, an dem unser Floß lag.
○ Wir fuhren los und das Wasser plätscherte ruhig dahin.
○ Unser Floß schoss zwischen zwei Felsen hindurch und wir waren gerettet.
○ Mein Herz schlug wild vor Aufregung.
○ Wellen stiegen vor uns auf und trugen uns in rasender Fahrt über die Steine.
○ Wasser prasselte auf uns herab und überschwemmte das Floß.
○ Schon trieben wir auf einen Felsen zu.
○ Wasser spritzte hoch, strömte an uns vorbei und trieb uns vom Felsen weg.

1. Ordne die Sätze zu einer Geschichte.
2. Markiere alle Verben (Tuwörter) im Text.
3. Lies die Geschichte in der Gegenwart vor.
4. Schreibe die Geschichte auf. Entscheide, ob du sie in der Gegenwart oder in der Vergangenheit schreibst.
5. Vergleicht eure Geschichten.

Wasser-Rätsel

1. Das Wasser kann viel.
Mit diesem Silbenrätsel kannst du es herausfinden.

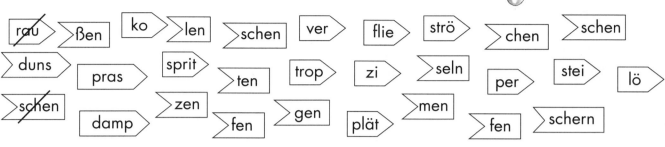

rauschen, _____

_____

_____

_____

2. Mit diesen Wörtern kannst du selbst ein Silbenrätsel herstellen.

säubern	gluckern	gefrieren	tauen	zerstören
tragen	sinken	spülen	versickern	fallen
			glitzern	rinnen

Netzwerk Natur

Wasserspielzeug basteln

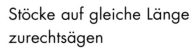
Material: mehrere Stöcke, kleine Säge, Schnur, Pappe, Schere

Stöcke sammeln

Stöcke auf gleiche Länge zurechtsägen

Stöcke mit Schnur zusammenbinden

Mast für Segel befestigen

Segel auf dünne Pappe malen

Segel ausschneiden und am Mast befestigen

| zuerst | anschließend | dann | jetzt | nun | zum Schluss |

1. Schreibe die Bastelanleitung für das Floß auf.

Zuerst _____

2. Wenn du das Floß selbst gebaut hast, überlege, ob du die Bastelanleitung noch verbessern kannst. Gibt es Tipps und Hilfen?

Netzwerk Natur

Wasserbilder

 1. Gestalte ein Wasserbild so wie Henri Matisse.

Ein Wasserbild kannst du allein,
mit einem anderen Kind oder in der Gruppe gestalten.

Und das geht so:

Material:
ein großer Bogen Tapete/Packpapier,
fünf Bogen hellblaues Papier,
fünf Bogen dunkelblaues Papier,
mehrere Bogen weißes Papier,
eine Schere und Papierkleber

Die hell- und dunkelblauen Bogen abwechselnd
auf den großen Bogen Papier kleben

Aus weißem Papier mit der Schere
Formen (Wassertiere, Pflanzen, Fantasiefiguren)
ausschneiden (Nicht vorzeichnen!)

Die ausgeschnittenen Formen auf
dem blauen Hintergrund verteilen
und aufkleben

 2. Schreibe vorher genau auf, wie das Bild angefertigt werden muss.

Zuerst

Netzwerk Natur

Der Regenwurm

Regenwürmer fressen Blätter, Pflanzenreste und auch Fleisch.
Sie graben Gänge in die Erde und kommen erst bei Nacht heraus.
Dann ziehen sie Blätter ins Erdreich, fressen sie und wandeln sie in neue Erde um.
Pro Tag frisst ein Regenwurm so viel, wie er selbst wiegt.

Der Körper des Regenwurms ist aus lauter Ringen zusammengesetzt.
Seine Haut ist mit glitschigem Schleim überzogen.
Er hat an seinem runden Ende einen Mund und an seinem spitzen Ende
einen Schwanz.

Regenwürmer haben gleichzeitig zwei Geschlechter.
Sie sind Männchen und Weibchen, haben Samen und Eier.
Unter ihrem Bauch sind Borsten, mit denen sie sich unter der Erde festhalten.
Regenwürmer kriechen vorwärts und rückwärts und atmen durch ihre Haut.
Sie haben keine Augen und können trotzdem Hell und Dunkel unterscheiden.

Regenwürmer werden von Kröten, Maulwürfen, Igeln, Vögeln und Mäusen gefressen.

 1. Unterstreiche:

- **rot** — Was erfährst du über die Ernährung des Regenwurms?
- **grün** — Was erfährst du über sein Aussehen?
- **blau** — Welche Feinde hat der Regenwurm?

2. Versuche mit all diesen Informationen deinen Mitschülerinnen und
   Mitschülern einen kleinen Vortrag über den Regenwurm zu halten.
   Lege dir einen Merkzettel mit Stichpunkten an.

Netzwerk Natur

-Scrabble

 1. Löse das Rätsel.

S~~T~~E~~C~~~~K~~~~D~~~~O~~~~S~~~~E~~

Z U C K E R

A C K E R

S A C K

H O C K E R

D E C K E L

D R E I E C K

S T E C K N A D E L   S O C K E   G L O C K E   W E C K E R   R O C K

Verwandte Wörter mit ck

Rücken   eckig   schmücken   Rückseite   Ecke   Schreck
rückwärts   rücken   Schmuck   schrecklich   Trick
erschrecken   austricksen   anecken   trickreich   schmucklos

 2. Kennzeichne die verwandten Wörter farbig. Schreibe sie auf.
Suche weitere verwandte Wörter.

Netzwerk Natur

Ideen für dein Baumbuch

 1. In den Baum-Gedichten im Buch auf Seite 88–89 findest du Wörter, die dich besonders ansprechen. Schreibe sie auf.

2. Für dein Baumbuch kannst du auch eigene Gedichte schreiben.

Schreibe ein Baum-Elfchen (ein Gedicht aus elf Wörtern in fünf Zeilen). Die Seite 2 im Arbeitsheft hilft dir dabei.

Verwende die gesammelten Wörter und ergänze eigene Wörter.

Bäume aus Bindfäden

Material: dicker Bindfaden aus Naturfaser, farbiger Karton, Klebstoff

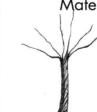   

Tipp: Du kannst die Fäden aufdrehen und zurechtzupfen.

Netzwerk Natur

3. Josef Guggenmos hat ein bekanntes Baum-Haiku geschrieben.
   Ein Haiku ist ein Gedicht aus siebzehn Silben in drei Zeilen.

   Bruder Ahorn

   Ich lege mein Ohr   (fünf Silben)
   an den Ahorn, fast hör ich   (sieben Silben)
   es schlagen, sein Herz.   (fünf Silben)

   Du kannst auch ein Baum-Haiku schreiben.

4. Bilde Riesenbaumwörter.

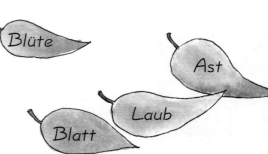

Baum   Baum
Kastanienbaum   Baumstamm
Esskastanienbaum   Baumstammrinde

Spritztechnik

Material: alte Zahnbürste, Sieb, Wasserfarbe, Papier, Unterlage,
Blätter in verschiedenen Formen

Blatt auf das Papier legen,
Zahnbürste mit Wasserfarbe einfärben,
Sieb über das Blatt halten und
mit der Zahnbürste darüberstreichen

Netzwerk Natur

Brot backen

Kinder haben sich informiert, wie früher Brot gebacken wurde.
Jetzt wollen sie selbst Brot backen.
Sie suchen einfache Rezepte und überlegen einen Arbeitsplan.
Wichtige Punkte haben sie in (Stichworten) aufgeschrieben.

 Einige Punkte sind für den Arbeitsplan überflüssig.
Streiche sie durch. Ordne die übrigen (Stichworte)
mit Nummern und schreibe einen Arbeitsplan.

- Zutaten und Geräte besorgen
- sich auf ein Brotrezept einigen
- Roggenmehl ist dunkel
- Wasser, Hefe (Sauerteig) und Gewürze zum Mehl geben
- Weizenmehl ist hell
- Teig kräftig durchkneten
- Teig gehen lassen
- Teig nochmals gehen lassen
- viele Brotsorten
- Brot ist ein wichtiges Nahrungsmittel
- Brote formen

zuerst
dann
jetzt
am Vortag
am Morgen

Netzwerk Natur

- Fladenbrot kommt aus der Türkei
- frisches Brot riecht lecker
- Brote in den Ofen schieben
- alte Backöfen in der Türkei
- Backofen vorheizen
- viele Menschen ohne Brot
- Brot aus dem Ofen holen
- anschließend nach … Minuten endlich zum Schluss
- Brot gab es schon vor 6000 Jahren

Wortfamilie backen

Viele Wörter gehören zur Wortfamilie backen.

Back-   -er
           -erei
           -waren   Ge-
           -stube   Zwie-   -back
           -pinsel   Salzge-   -bäck
Bäck-   -blech
           -schüssel
           -rezept   auf-
           -papier   über-   -back-   -en
           -buch   an-

 1. Setze die Wörter zusammen und schreibe sie auf.
Kennzeichne die verwandten Wortstämme der Wortfamilie.

der Bäcker,

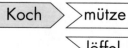

 2. Bilde die Wörter und schreibe noch weitere Wortverwandte dazu.

Netzwerk Natur

Ein Gespräch in der Bäckerei

Sven und Julia gehen für das Schulfrühstück einkaufen.

(3) Das kostet zusammen 8,50 Euro.

(2) Ja, sie schmecken ein bisschen süß.

(3) Wir hätten gerne 15 einfache Brötchen, 5 Müslibrötchen und ein Roggenbrot.

(1) Welche Körnerbrötchen haben Sie?

(1) Wir haben nur Müslibrötchen.

(2) Sind in den Müslibrötchen Rosinen?

(4) Wir brauchen bitte unbedingt den Kassenbon.

Schreibe das Gespräch auf.

(1) Sven fragt: „Welche Körnerbrötchen

(1) Die Verkäuferin antwortet:

(2) Julia möchte wissen:

(2) Die Verkäuferin berät die Kinder:

(3) Die Kinder bestellen:

(3) Die Verkäuferin sagt:

(4) Sven und Julia bitten:

Märchen, Träume, Fantasie

Geschichten vom Zauberwald

In der Geschichte „Im Zauberwald" musst du viele Prüfungen bestehen.

  1. Welche Prüfungen kannst du dir vorstellen?
    Schreibe deine Ideen in die Kästchen oder male.

2. Tauscht eure Ideen aus.

  3. Suche dir eine Prüfung aus. Schreibe deine Geschichte.

ein gefährliches Tier streicheln

34 103

Märchen, Träume, Fantasie

4. Die Zauberfeder hilft dir, wenn es gefährlich wird. Überlege, wie sie das macht. Sie kann ...

5. Schreibe auf, wie dir die Zauberfeder bei deiner Prüfung hilft.

... unsichtbar machen ...

... verwandeln in ...

Märchen, Träume, Fantasie

Prinzessin Schlafittchen träumt

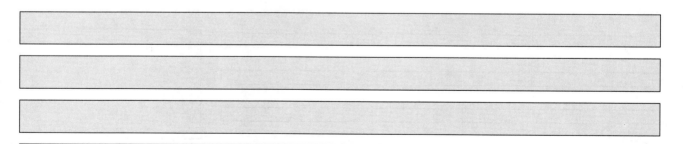

1. Baue Sätze. Verwende die Sticker vom Stickerbogen.
   Achte auf die Satzanfänge.

2. Verändere deine Sätze, indem du Satzglieder umstellst.
   Verwende wieder die Sticker vom Stickerbogen.

Märchen, Träume, Fantasie

Der Hundertfarbenvogel

*Ein mächtiger König hörte von einem seltenen Vogel.
Er wurde Hundertfarbenvogel genannt, weil seine Federn in allen Farben leuchteten. Diesen Vogel wollte der König unbedingt besitzen.*

1. Wie geht es weiter? Klebe hier den Zettel mit deiner eigenen Geschichte fest.

→ Denk dir aus, was der König macht, um den Vogel zu bekommen.

 Belohnung

 Söhne/Töchter

Trick Falle

Musik

→ Überlege, wo der Vogel gefunden wird und wie es gelingt, ihn zu fangen.

*Nach langer Zeit kehrten die Fänger mit dem Vogel in das Schloss zurück.
Der König sperrte ihn sofort in einen Käfig und betrachtete ihn voll Stolz.
Aber schon nach wenigen Tagen begann der Vogel sich zu verändern.*

2. Wie geht es weiter? Klebe hier den Zettel mit deiner eigenen Geschichte fest.

→ Beschreibe, wie der Vogel sich verändert.

Farbe

Krankheit

Freiheit

Ratgeber

→ Schreibe auf, was der König mit dem Vogel macht.

Drohung

Märchen, Träume, Fantasie

Im Land der Dämmerung

Aufgepasst! Doppeltes mm!

Deshalb wird das ä kurz gesprochen.

Göran liegt im Bett. Er kann nicht gehen.
Immer wenn es dämmrig wird, klopft ein Mann an sein Fenster.
Göran muss das Fenster nicht öffnen, denn es ist Herr Lilienstängel:
Er kommt aus dem Land der Dämmerung direkt in Görans Zimmer.
Er geht mit Göran auf die Reise in das unbekannte Land.
Heute fliegen sie zum Wetterhahn, doch sie treffen ihn nicht an.
Er flattert gerade in der Stadt umher.
Schließlich kehren sie zurück und Göran fällt durch das Fenster wieder ins Bett.

1. Kennzeichne in den Wörtern die doppelten Mitlaute.

2. Schreibe die Wörter mit doppeltem Mitlaut heraus und ergänze Wörter aus der Wortfamilie.

3. Sprich dir die Wörter noch einmal vor.
   Bei jedem Wort mit doppeltem Mitlaut hörst du einen kurzen Selbstlaut.
   Kennzeichne ihn mit einem Punkt.

Märchen, Träume, Fantasie

Das sechsbeinige Wunder

Viele Leute sprechen Franziska an, als sie mit ihrer riesigen Ameise durch die Stadt geht.

Der Hausmeister	erkundigt sich	Ich möchte einen Bericht für die Tageszeitung schreiben.
	bietet an	
Eine Nachbarin	schlägt vor	Macht die Ameise viel Dreck?
	teilt mit	
Ein Reporter	sagt	Du kannst sie in meinem Garten frei herumlaufen lassen.
	kündigt an	
Eine Freundin	bittet	Ich möchte auch einmal mit deiner Ameise spazieren gehen.
	ruft	
Ein Mann	warnt	In welcher Zoohandlung hast du eine solche Ameise gekauft?
	will wissen	
Ein Fußgänger		Pass auf! Mein Hund beißt!

 Schreibe Redebegleitsätze und wörtliche Reden auf.

Der Hausmeister erkundigt sich: „Macht die Ameise viel Dreck?"

Märchen, Träume, Fantasie

Das seltsame „Rotkäppchen"

An einem schönen Sommertag **schleicht** der Wolf durch den Wald.
Er **ärgert** sich: Ein Mädchen mit einem roten Käppchen **läuft** durch „seinen" Wald!
Es **geht** vom Weg ab und **zertritt** die Zweige! Es **reißt** alle Blumen aus!
Mit seinem lauten Gesang **erschreckt** es alle Tiere!
Der Wolf **spricht** das Mädchen an: „Warum gehst du nicht auf dem Weg
und beeilst dich ein bisschen?"
Das Mädchen **erwidert**: „Damit ich dich besser sehen kann, du böser Wolf!"
So schnell es **kann**, **rennt** es zum Haus der Großmutter.

1. Wenn du diesen Text mit dem Märchen „Rotkäppchen" vergleichst, merkst du, dass hier vieles verändert ist. Überlege, woran das liegt.

2. Das Märchen „Rotkäppchen" ist in der Vergangenheit geschrieben. Schreibe den veränderten Text auch in dieser Zeitform auf.

Vor langer, langer Zeit schlich der Wolf an einem schönen Sommertag durch den Wald. Er

(riss, zertrat, ging, erschreckte, rannte, erwiderte, lief, ärgerte, konnte, sprach)

Mit Mikrofon und Mausklick

Astronauten-Geschichten

Franz schreibt seine Geschichten immer so auf, wie er sie erzählt.

Er hat sich im Wald ein Baumhaus gebaut.
_____

Und dann finden zwei Jungen den Astronauten.
_____

Und sie verstehen seine Sprache nicht.
_____

Und der Astronaut holt aus dem Raumschiff den „Weltall-Übersetzer".
_____

Und der übersetzt, was der Gomel-Astronaut sagt.
_____

Und er übersetzt, was die Jungen sagen.
_____

 1. Sicher hast du eine Idee, wie Franz seine Geschichte verändern sollte:
   → Lies dir seine Geschichte laut vor.
   → Markiere alle Stellen, die du ändern würdest.
   → Finde in der Geschichte Stellen, die zu ungenau sind.
   → Überlege dir Verbesserungsvorschläge und schreibe sie darunter in die leere Zeile. Tipp: Achte auf die Satzanfänge!

 2. Schreibe deine Geschichte auf.

Mit Mikrofon und Mausklick

Wörter mit ie

Papier	siegen	Brief	Tier	hier	Stier
schief	Neugier	musizieren		vier	verlieren
tief	notieren	zielen	Klavier		die
diese	Wiese	rief	Tiefe	schlief	biegen
kriegen	gratulieren	wiegen	fotografieren		Biene

1. Hier sind viele Wörter mit ie.
   Ordne die Wörter nach Wortarten und kennzeichne das ie.
   Welche Wörter bleiben übrig? Kreise sie im Kasten ein.

   Nomen (Namenwörter):

   Verben (Tuwörter):

   Adjektive (Wiewörter):

2. Bilde möglichst lange Sätze mit vielen ie-Wörtern.

3. Lest eure „Riesensätze" vor und vergleicht.

Mit Mikrofon und Mausklick

4. Suche aus der Wortsammlung die Wörter mit und am Wortende heraus.

-ieren:

-iegen:

5. Ergänze dazu weitere Wörter. Kontrolliere mit dem Wörterbuch.

6. Verbinde die Grundform mit der passenden Vergangenheitsform.

7. Schreibe die Wörter auf Wortkarten. Du kannst verschiedene Spiele herstellen.

Memory   Domino   Quizspiel

Lebenswelten

Aus Büchern über Eskimos

Ilka und Roberto lesen sich aus einem Sachbuch
und aus einem Abenteuerbuch über Eskimos vor.

1. Finde heraus, welche Teile
zum Sachbuch und welche zum Abenteuerbuch gehören.
Kennzeichne die Textteile mit zwei Farben.

Erst seit ungefähr 4000 Jahren ist die Arktis von den Eskimos
besiedelt. Sie selbst nennen sich Inuit – das heißt Menschen.
Ihr Leben ist ganz der kalten Umgebung angepasst. Nur wenige Inuit
leben heute noch vom Fischfang und der Jagd.
Kayaks Großvater erzählt vom großen Tag der Eisbärenjagd.
Auf diesen Tag hatte er lange gewartet. Nun ist er stolz und
zugleich ängstlich, weil er mit den Männern jagen darf.
Mit Hundeschlitten und Vorräten ziehen sie los. Tagelang verfolgen
sie die Spuren des Bären.
Früher dienten ihnen die Felle der erbeuteten Tiere als Kleidung
und zum Zeltbau. Wie ihre Vorfahren schnitzen sie auch heute noch
kleine Figuren aus Knochen, Speckstein und den Zähnen der
Walrösser.
Plötzlich zieht ein Schneesturm herauf, sodass die Jäger einen Iglu
zu ihrem Schutz errichten. Nach zwei Tagen lässt der Sturm nach.
Als sie aus dem Iglu kriechen, entdecken sie, dass zwei Schlittenhunde
fehlen. Sie sehen frische Eisbärspuren.
Die meisten Inuit leben in festen Holzhäusern und üben ganz
unterschiedliche Berufe aus. Trotzdem versuchen sie häufig,
alte Lebensweisen zu bewahren, und gehen auch heute noch zur Jagd.
Sie erlegen nur so viele Tiere, dass die Art nicht gefährdet wird.
Jetzt beginnt die Jagd. Eilig brechen sie auf und verfolgen die Spuren.

2. Schreibe die Jagdgeschichte aus dem Abenteuerbuch zu Ende.

Lebenswelten

Der Eisbär im Lexikon

 1. Im Lexikon findest du in kurzen Texten alle wichtigen Informationen über ein Thema. Kürze diesen Text so, dass er möglichst kurz und für ein Lexikon geeignet ist. Streiche Wörter, die du weglassen kannst, mit Bleistift durch.

Der Eisbär

Der sehr gefährliche Eisbär mit seinem wunderbar
weichen Fell wird von allen Bärenarten der Erde am größten.
Er kann erstaunliche 2,80 m lang und bis zu 780 kg schwer werden.
Er lebt in der Kälte und Einsamkeit der Arktis.
Die gefährlichen Eisbären sind Einzelgänger.
Sie verbringen die meiste Zeit auf der Jagd nach Nahrung und laufen dabei
bis zu 100 km weit über die unendlichen Eisfelder.
Sie ernähren sich hauptsächlich von Robben.
Sie lauern manchmal mit großer Geduld und noch mehr Hunger
vor einem Wasserloch und warten, dass die armen Robben zum Luftholen
aus dem Wasser auftauchen.
Dann packen sie mit ihren riesigen Tatzen schnell zu.
Ein einziger Tatzenhieb kann einen unvorsichtigen Menschen töten.
Eisbären sind nicht wasserscheu und sind gute Schwimmer.
Die Bärenjungen kommen im fürchterlich kalten Winter in einer
gemütlichen Schneehöhle zur Welt.
Die Inuit nennen den Eisbären in ihrer Sprache Nanuk – Wächter des Pols.

 2. Wie bist du vorgegangen? Schreibe auf.

3. Vergleicht.

 4. Schreibe deinen Text ab und gestalte eine Lexikonseite.

Lebenswelten

Gäste einladen

Wenn ihr jemanden zu einem Fest oder zu einer Aufführung einladen wollt, müsst ihr an viele Dinge denken.

> **Wen** wollt ihr einladen?
> **Wozu** ladet ihr ein?
> **Wann** ladet ihr ein?
> **Wie lange** soll das Fest/die Aufführung dauern?
> **Wo** findet es/sie statt?
> Sollen die Gäste **etwas mitbringen**?

 1. Überlegt euch, wie ihr eure Gäste ansprechen wollt.

2. Denkt darüber nach, mit welchen Informationen ihr eure Gäste neugierig machen könnt.

Meine Klasse will zu einem Schattenspiel einladen. Wir verraten nur so viel: Der Lindwurm und der Schmetterling erleben viele Abenteuer …

Wir feiern ein Europafest. Es gibt viele Spezialitäten aus fremden Ländern zu essen …

 3. Wenn ihr die Fragen beantwortet habt, schreibt selbst einen Einladungstext für euer Fest/eure Aufführung. Bei einem Plakat müsst ihr vorher die Aufteilung planen.

Lebenswelten

Zucchini-Salat
(für vier Personen)

Zutaten: 500 g Zucchini
4 Esslöffel Olivenöl
2 Esslöffel Zitronensaft
2 Esslöffel gehackte Kräuter
Salz
Zucker

→ Zucchini abwaschen, abtrocknen, die Enden abschneiden, in Scheiben schneiden
→ Olivenöl erhitzen, Zucchinischeiben darin kurz anbraten, nicht bräunen lassen
→ abkühlen lassen, Zitronensaft dazugeben
→ mit Salz, Zucker und Kräutern abschmecken

Schreibe auf, wie der Salat zubereitet wird.

Zuerst wäschst du die Zucchini. Dann

Lebenswelten

Don't do that, Kitty Kilroy! – Lass das, Kitty Kilroy!
(Eine Geschichte zum Übersetzen)

All day long Kitty's mum says:
(Den ganzen Tag)   (sagt)

When Kitty puts her feet up
(Wenn)   (legt)   (Füße)
on the sofa:

_____

_____

When Kitty eats food that is
            (etwas isst)
bad for her teeth:
(schlecht)   (Zähne)

One day Kitty had enough.
(Eines Tages)   (hatte genug)

So Kitty's mum went away …
                (ging weg)

_____

_____

… and Kitty got to do
       (konnte tun)
what she wanted.
       (wollte)

She ate nothing but
     (aß) (nichts außer)
ice-cream.

She watched television
       (sah fern)
for hours and hours
       (Stunden)

Lebenswelten

She rang up all her friends
(rief an)   (Freunde)

... and invited them round.
(lud ein)

After a while it was
(Nach einer Weile)
no fun anymore.
(kein Spaß)

Suddenly there was a sound at
(Plötzlich)   (Geräusch)
the door and it was Kitty's mother.
(Tür)

Kitty's mother sent
(schickte)
Kitty's friends home.
(heim)

Kitty's mum washed
(wusch)
Kitty's face.
(Gesicht)

She put Kitty to bed, which was just what Kitty wanted.
(brachte)   (Bett) (was genau das war, was) (wollte)

Until tomorrow of course ...
(Bis) (morgen) (natürlich)

Lebenswelten

Chaos im Klassenzimmer

Was liegt unter dem Tisch?

Die Kreide liegt

Was hängt rechts von der Tür an der Wand?

Was liegt zwischen den Schultaschen?

Was saust über die Köpfe?

Wer versteckt sich hinter der Gardine?

Was ist vor dem Kakaokasten umgekippt?

Was liegt auf dem Pult?

Wer rauft links von der Tafel?

 Schau dir das Bild genau an. Schreibe die Antworten in Sätzen auf.

Lebenswelten

Eine Wortfamilie – verschiedene Wortarten

1. Bilde Wörter und ordne sie in die Zeilen ein.

Prüfe, ob du die Nomen (Namenwörter) großgeschrieben hast.

Nomen (Namenwörter):

Verben (Tuwörter):

Adjektive (Wiewörter):

2. Sprecht über die Wörter, die ihr nicht kennt.

Bücherecke

Kirsten-Boie-Spiel

Auf den Seiten 54–55 findest du einen Spielplan
mit Bildern aus fünf Büchern von Kirsten Boie.

 1. Lies die Klappentexte der Bücher durch und entscheide,
zu welchen Buchtiteln sie gehören.

> Lisas Klasse soll bei einer Weihnachts-
> feier das Krippenspiel aufführen.
> Alle, die noch nicht so gut lesen können,
> sollen im Chor dazu singen.
> Da planen sie ein eigenes Krippenspiel
> … mit Hund!

> Bei Paule ist alles ganz anders.
> Natürlich hat er auch eine Mama
> und einen Papa. Aber das ist es eben!
> Sie haben ihn aus dem Heim geholt,
> als er noch ganz winzig war.
> Doch das ist noch nicht alles …

> Fabia geht in die erste Klasse und
> hat jeden Tag volles Programm.
> Mittwochs darf sie spielen, doch auch
> das muss genau geplant werden.
> Aber in der Woche, als Tante Pia
> zum Einhüten kommt, weil Mama
> Papa auf einer Dienstreise begleitet,
> wird alles anders!

> Jan-Arne findet Hunde toll. Er selbst hat
> nur ein Meerschweinchen, das heißt
> King-Kong und ist total lieb. Mit einem Meer-
> schweinchen kann man nichts anfangen,
> sagt Michi aus seiner Klasse. Das kann
> Jan-Arne nicht auf King-Kong sitzen lassen
> und nimmt ihn mit zur Schule …

> Lena war noch nie verliebt. Jungs findet sie
> genau genommen ziemlich überflüssig.
> Trotzdem ist sie etwas neidisch auf Katrin,
> die ist nämlich gerade in Lennart verliebt.
> Vielleicht könnte sie sich ja auch etwas verlieben,
> vielleicht auch in Lennart …

2. Versuche die Bilder des Spielplans den Büchern zuzuordnen.

Bücherecke

3. Für das Spiel brauchst du Fragekarten.

- Wie heißt die Freundin von Lena? _____
- Ist Ina auch in Lennart verliebt? _____
- Welchen Sport treibt Lennart? _____
- Wer verrät Katrin und Lena? _____
- Was findet Katrin an Lennart süß? _____
- Welche Farbe hat die Jacke von Lennart? _____
- Hat Paule einen Hund? _____
- Welches Spiel spielen Papa und Paule zusammen? _____
- Woher kam Paules erster Vater? _____

Diese Fragen kannst du beantworten, wenn du die Texte im Buch auf den Seiten 53–55 und 168–169 liest.

 4. Überlege dir noch weitere Fragen und Antworten für das Spiel. Wenn ihr in eurer Klasse noch andere Geschichten von Kirsten Boie gelesen habt, stelle auch dazu Fragen.

 5. Wenn ihr im Spiel auf ein Buch-Feld kommt: 📖 , müsst ihr Fragen zu Geschichten von Kirsten Boie beantworten. Bastelt euch dafür Frage-Antwort-Karten und überlegt gemeinsam, wie ihr das Spiel spielen wollt.

Bücherecke

Kirsten-Boie-Spiel

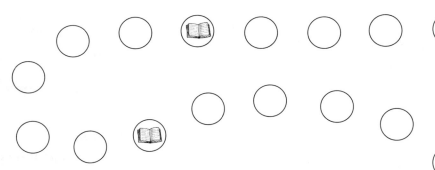
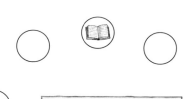

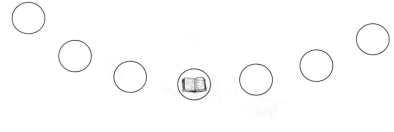
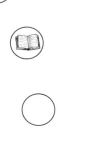

START

Bücherecke

Bücherecke

Das Gespenst im Gurkenglas

Den Anfang der Geschichte vom „Gespenst im Gurkenglas" kannst du im Buch auf Seite 175–177 lesen.
Nach einigen Erlebnissen mit dem Gurkerich geht es Willi so:

Und Willi weiß auch schon wie.

Jetzt reicht's!

Endgültig!

Ich muss ihn wieder loswerden.

Bücherecke

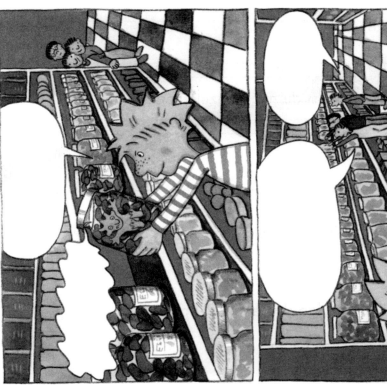

Betrachte die Bilder und fülle die Sprechblasen aus.

Bücherecke

Mein Hobby

Mein Hobby ist Rennradfahren. Ich habe ein superleichtes Rennrad. Das war sehr teuer. Zu meiner Ausrüstung gehören außerdem eine Radfahrhose, ein Trikot und Radschuhe.
Ein Helm ist für meine Sicherheit ganz wichtig.
Zweimal in der Woche fahre ich in meinem Verein eine Runde von 50 km. Wenn ich bei großen Rennen gewinnen will, muss ich noch viel trainieren.
Es macht mir Spaß, schnell vorwärts zu kommen.

Die Kinder erzählen im Sitzkreis von ihren Hobbys.
Sie stellen sich immer wieder die gleichen Fragen.

Wie heißt dein Hobby?

Wie bist du dazu gekommen?

Was brauchst du dazu?

Wie hast du es erlernt und was willst du noch dazulernen?

Warum macht dir dein Hobby Spaß?

1. Schreibe dir bei jeder Frage Stichpunkte zu deinem Hobby auf.
2. Überlege dir weitere Fragen.
3. Entscheide, in welcher Reihenfolge du deine Stichpunkte in einem Text verwenden möchtest.

4. Schreibe deinen Text auf.

5. Gestaltet mit euren Texten eine „Hobbywand".

Bücherecke

Nicke und der Kor◯

Nicke geht im Wal◯ spazieren.
Da findet er ein Din◯.
das ist run◯ und farbi◯.
Vorsichti◯ untersucht er es.
Da kommt sein Freun◯ Spinki auf dem Rennra◯ angerast.
Nicke fragt: „Weißt du, was ich hier in der Han◯ ha◯?"
„Na, du bist lusti◯! Das ist ein Kor◯", sagt Spinki.
Nicke antwortet: „Das ist ja spannen◯!" Er setzt sich in den Kor◯
und spielt Zu◯. Spinki lacht: „Der Kor◯ ist doch zum Tragen!
Glau◯ mir, ich bin klu◯!" Nicke bleibt im Kor◯ sitzen und ruft:
„Dann tra◯ mich doch!"

Prüfe Wörter, bei denen du ein **p**, **t** oder **k** am Wortende hörst, durch Verlängern.

der Kor◯   *die Kör◯e*
der Wal◯
das Din◯,
run◯   *das run◯e Ding*
farbi◯
vorsichti◯
der Freun◯
das Rennra◯
die Han◯
ha◯   *ha◯en*
lusti◯
spannen◯
der Zu◯
glau◯
klu◯
tra◯

Lies den Text und ergänze die fehlenden Buchstaben.
Schreibe vorher zu jedem Wort eine verlängerte Form auf.

191

Die Jahresuhr

Und du denkst, das war der Osterhase

Metta und Renner verbringen die Osterferien bei Tante Doris auf dem Land. Metta glaubt noch an den Osterhasen. Renner ist darüber ärgerlich. Renner hat Metta schon oft genug erklärt, dass es keinen Osterhasen gibt. Metta will es einfach nicht glauben. Metta geht zu Frau Karbunke. Frau Karbunke erzählt Metta von früher. Frau Karbunke erklärt, warum die Menschen sich zu Ostern auch heute noch mit Ostereiern beschenken.

`Er`   `er`

`sie`

`Sie`

Lisa hat ihre Geschichte in der Schreibkonferenz vorgestellt. Die Kinder haben ihr einen Tipp für die Überarbeitung gegeben.

1. Mit dem Tipp kannst du Lisas Geschichte verändern. Nimm Sticker vom Stickerbogen.
2. Schreibe den überarbeiteten Text auf.

Die Jahresuhr

Sonnenaufgang am Meer

Sonne: die Sonne · am Horizont · früh am Morgen · vor unseren Augen · wie ein glutroter Ball · aus dem Meer · steigt

Kinder-Sonne: die Kinder · schon bald · die ersten Strahlen · am Strand · wärmen

Abendsonne: auf dem Rückweg · die Abendsonne · auf die müden Kinder · scheint

1. Spiele mit den Satzgliedern und stelle sie mehrmals um.
2. Schreibe einige Sätze auf.

Unterstreiche das Subjekt (den Satzgegenstand) blau und das Prädikat (den Satzkern) rot.

Die Jahresuhr

-Rätsel

Hier sind Wörter mit tz versteckt.

A	H	V	U	K	O	E	L	O	N	D	P	F
I	E	M	N	Ü	T	Z	L	I	C	H	O	L
S	T	U	R	B	A	P	N	A	M	N	B	I
P	Z	X	M	I	S	L	V	H	I	L	V	T
O	E	G	Ü	G	E	P	F	C	N	R	G	Z
N	N	I	T	H	S	B	I	H	F	I	G	E
U	M	M	Z	O	E	I	W	T	Q	P	U	N
B	O	L	E	W	T	N	E	U	Z	I	B	P
E	W	P	S	I	Z	O	V	V	O	L	L	D
K	R	L	C	H	E	M	T	A	T	Z	E	M
W	A	N	H	A	N	A	N	I	X	S	L	M
R	S	T	H	O	X	Y	Z	B	C	H	I	B
N	S	O	Z	P	K	R	A	T	Z	I	G	W
U	L	V	B	E	Q	A	N	P	R	Y	S	O

 1. Kennzeichne die Wörter mit tz.
   Sie sind senkrecht (↓), waagerecht (→) und diagonal (↘) versteckt.

 2. Trage die tz-Wörter ein. Zu jeder Wortart findest du drei Wörter.

Nomen (Namenwörter)	Verben (Tuwörter)	Adjektive (Wiewörter)

Die Jahresuhr

Rätselzeit

Er — trägt einen Reiter. / verdirbt die Lebensmittel.

Sie — zieht einen Faden. / wächst am Baum.

Sie — schützt Obst und Gemüse. / steht im Geschirrschrank.

Er/Sie — trägt Zähne. / ist ein Nadelbaum.

Er — steht in der Vase. / ist ein Vogel, der nicht fliegt.

1. Für die Nomen (Namenwörter) stehen in den Rätseln er und sie. Löse die Rätsel und ersetze die Pronomen (Fürwörter) er und sie durch passende Nomen (Namenwörter).

 2. Die Rätsel lassen sich leichter lösen, wenn du mit **Wer oder was?** nach dem Subjekt (Satzgegenstand) fragst. Schreibe so:

Wer oder was trägt einen Reiter und verdirbt die Lebensmittel?

 3. Schreibe Rätsel.

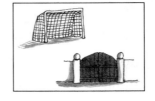

Die Jahresuhr

Nimm dir Zeit, das Bild in Ruhe anzuschauen. Es erzählt viele Geschichten. Welche Geschichten erzählt es dir?